Vorbemerkungen

„ ...; auch nicht die Bestimmung eines zukünftigen Seins durch ein vergangenes Sein oder eines vergangenen Seins durch ein zukünftiges Sein (eine an sich zweifellos faszinierende Studie), (...), sondern das Intervall zwischen den beiden, die neunzig Takte, die Zeit, die das Wahre brauchte, um als wahr bewiesen zu werden, was auch immer das bedeuten mag. Oder freilich als falsch, was auch immer das heißen mag.“

Samuel Beckett[1]

„In allem, was entsteht, können wir ebensogut das Entstehende fühlen wie das Absterbende.“

„Jawohl, was ich bin, wäre unerträglich, wenn ich mich nicht an das erinnern könnte, was ich einmal war.“

Fernando Pessoa[2]

„Diese aufeinanderfolgenden Tode, die das Ich, welches sie vernichten sollten, so sehr gefürchtet hatte, die aber so belanglos und so sanft sich zeigten, sobald sie einmal eingetreten waren und das Ich, das sie fürchtete, nicht mehr da war, um sie zu verspüren, ...“

Marcel Proust[3]

Zur Zeit und zur Erinnerung

I.

Die folgenden Betrachtungen von Betrachtungen zur 'Zeit', von älteren und jüngeren, sollen reflexiv lesbar machen, daß ein Verstehen und Bestimmen von Zeit je in der Zeit stattfindet und sich je schon voraus oder hinterher ist. Zeiterfahrungen in einem sogenannten inneren Zeiterleben sind zugleich nicht zu verlassen und können nicht mit Zeitbestimmungen, mit der Verwendung von Ausdrücken zur Zeit, koinzidieren. Und das zu Bestimmende scheint paradoxerweise das nicht faßbar Bestimmende.

Selbst Kants transzendentalphilosophische Herleitung einer Apriorität von 'Raum' und 'Zeit' als reiner Anschauungsformen, die Erfahrung notwendig allererst strukturierten, entgeht nicht den temporalen Brüchen zwischen Erfahrung und der Artikulation ihrer Benennung und entgeht nicht den Brüchen zwischen Erfahrung und der Äußerung rekursiv erschlossener Erfahrungsbedingungen.

Und auch die relativitätstheoretischen Muster von Raum, Zeit, Bewegung und Geschwindigkeit sind auf virtuelle Erfahrungsbegriffe angewiesen. Nach Einsteins „spezieller Relativitätstheorie“ nehmen in allen gleichförmig und geradlinig bewegten Systemen die mechanischen und die elektromagnetischen Naturgesetze dieselbe Form an, bezogen auf die Geschwindigkeit des Lichtes. Verschieden bewegte Beobachter kommen angesichts derselben Ereignisse zu verschiedenen Ergebnissen bei einem Nebeneinander der beteiligten Bezugssysteme. Nach der „allgemeinen Relativitätstheorie“ bleibt auch in beliebig bewegten Bezugssystemen die Form der Naturgesetze dieselbe. Für die theoretische Physik – sei hervorgehoben –, wenn in die Gleichungen veränderliche Größen für verschiedene Raumzeitmaßstäbe eingeführt werden.[4] Einer angenommenen und nur begrenzt beobachtbaren physischen Wirklichkeit läßt sich ein sogenannter Riemannscher Raum zuordnen, ein gekrümmter Raum, ein nicht anschauliches vierdimensionales Gebilde, unterschieden vom sogenannten Euklidischen Raum in Entsprechungen zu ‘Alltagserfahrungen’.

Bleiben erkenntnistheoretische Versuche und Versuche der theoretischen Physik, Fragen nach der Zeit durch Konstruktionen der Gesetzmäßigkeiten von Vorstellungszusammenhängen zu beantworten, notwendigerweise in einer Paradoxie befangen, die zur Erklärung von Beobachtungen Unbeobachtbares voraussetzen muß, ohne aber die Paradoxie weiter reflektieren zu können, d. h. ohne die Reflexion selbst auf einen Bruch in der Reflexion richten zu können?[5] Einer solchen Fragestellung soll hier nur latent nachgegangen werden, denn sie sei vornehmlich weitergegeben an die beteiligten Theoriefelder. Latent heißt hier aber auch, disparaten Möglichkeiten einer Reflexion von Bestimmungs- und Reflexionsgrenzen zur 'Zeit' nachzugehen, zur 'Zeit' und zur 'Erinnerung'.

Als eine Möglichkeit sei hervorgehoben, einem auch temporalen und artikulationsgebundenen Verfehlen von Introspektionen Rechnung zu tragen, wie es sich etwa in der Unmöglichkeit zeigt, in einer jeweiligen Gegenwart Gegenwärtiges zu benennen. Das Benannte muß als schon Vergangenes oder noch Zukünftiges verstanden werden, als gegenwärtige Vergangenheit oder vergangene Gegenwart, als gegenwärtige Zukunft oder zukünftige Gegenwart. Welche Trägerschaft von Zeiterleben bleibt dann denkbar und bestimmbar?

„Jetzt mag man sich an Wittgenstein halten und über das, worüber man nicht reden kann, eben schweigen.

Aber wie, wenn das, worüber man nicht reden kann, das eigene Bewußtsein wäre?", schreiben N. Luhmann und P. Fuchs in dem Aufsatz „Geheimnis, Zeit und Ewigkeit".[6] Und wie wäre es darum bestellt, worüber man nicht schweigen kann, reden zu wollen?

Wittgenstein schreibt in den „Philosophischen Untersuchungen" (I, 89): „Wir wollen etwas verstehen, was schon offen vor unsern Augen liegt. Denn das scheinen wir, in irgendeinem Sinne, nicht zu verstehen." und zitierend in Anlehnung an Augustinus (Confessiones, XI, 14) weiter: „Das, was man weiß, wenn uns niemand fragt, aber nicht mehr weiß, wenn wir es erklären sollen, ist etwas, worauf man sich besinnen muß."

Aber Ausdrücke, die einen Bruch zwischen vorreflexiv Verstandenem und reflexiv Unverstandenem einrichten, müssen von der Vorstellung eines Verstehbaren oder Verstandenen ausgehen, so daß sich die Paradoxie einer erfahrenen und nichtartikulierbaren Zeitlichkeit nur weiter verschärft und wiederholt. So plädiert Wittgenstein für ein Besinnen „auf die Art der Aussagen, die wir über die Erscheinungen machen". Zum Gegenstand werden Zeitverständnisse in Zeitbegriffen, „die verschiedenen Aussagen, die man über die

Dauer von Ereignissen, über ihre Vergangenheit, Gegenwart, oder Zukunft macht. (Dies sind natürlich nicht philosophische Aussagen über die Zeit, Vergangenheit, Gegenwart oder Zukunft)". (Philosophische Untersuchungen, I, 90)

Und: „Wir reden von den räumlichen und zeitlichen Phänomenen der Sprache; nicht von einem unräumlichen und unzeitlichen Unding". (Philosophische Untersuchungen, I, 108)[7]

Bloße Signaturen eines Scheiterns, eines notwendigen Scheiterns von Sprachen zur Zeit? Bloße Signaturen eines nichtnotwendigen, ausgleichbaren Scheiterns von Theorien zur 'Zeit'? Signaturen von Wegen in eine Mystifizierung von 'Zeit'? Signaturen von Aporien einer Bestimmung von 'Zeit' angesichts einer 'Zeitlichkeit', die die Aporien von Zeitverständnissen zu bestimmen scheint?

Wie sind im Umfeld solcher Fragen Metaphern zu verstehen und einzuordnen, die auf ein scheinbares lineares Kontinuum innerhalb einer Triade von Vergangenheit, Gegenwart und Zukunft mit Ausdrücken von Diskontinuitäten antworten? Etwa Heraklits „Niemand steigt zweimal in denselben Fluß"; Augustinus' „Eine Vergangenheit, die in die Zukunft überginge, wäre nicht mehr Zeit, sondern Ewigkeit"; das Bild eines ouroboros, einer sich in den Schwanz beißenden, ihr Ende verschlingenden und sich im Kreis drehenden Schlange/Echse; B. A. Zimmermanns Bild von einer „Kugelgestalt der Zeit".

II.

Hilfreich angesichts solcher Fragen ist die Lektüre einer jüngeren Studie von J. Derrida zur Zeit und zum Tod, zu M. Heideggers „Sein und Zeit" (Tübingen 1927).[8] Hierzu zunächst einige Schritte zurück zum Zeitverständnis des frühen Heidegger: „Daß das Seiende ist, indem es in seinem 'Sein' der 'Zeit' entspricht, das sagt nichts anderes als: das Sein selbst ist Verweilung, Anwesung."[9] In „Sein und Zeit" nahm Heidegger das 'menschliche Seiende' so zum Ausgangspunkt, daß es nicht mehr 'nach Seinsart der Dinge' bestimmt werden sollte. Eine ontologische Einstellung überhaupt, die „ontologische Differenz" von „Sein" und „Seiendem", gehe gerade auf das 'menschliche Seiende' zurück, auf das „Dasein". So sollte zunächst eine Analyse des „Daseins" und von dessen Grundbestimmung, der „Zeit",

Ontologie allererst begründen. So scheint ein Verständnis des „Daseins“ und ein Weltverständnis überhaupt von einem Zeitverständnis abzuhängen.

Eine Wendung, die sogenannte „Kehre“ des späteren Heidegger, von der „Zeit“ zum „Sein“, für „Sein und Zeit“ vorgesehen, konnte nicht mit den bisherigen Mitteln, mit denen von „Sein und Zeit“, durchgeführt werden, denn sie wäre so an die vom „Dasein“ selbst ausgehende Unterscheidung von „Sein“ und „Seiendem“ gebunden, also zirkulär geblieben.

Deshalb schien es konsequent, ontologisches Denken selbst als durch „das“ durch es selbst nicht faßbare „Sein“ bestimmt und bedingt zu denken; unter einem „Seinsgeschick“, das zu Irrtümern und notwendiger Vergeblichkeit von Ursprungsphilosophien führe. Heideggers „Kehre“ war so die einer Wendung vom „Sein“ des „Daseins“ zum „Nichts“ an Bestimmbarkeit, welches wiederum als das undenkbare „Sein“ verstanden werden sollte und weiter als dasjenige, was das Denken bestimmte. „Überwindung und Metaphysik“[10] hieß dann, die Unmöglichkeit von Metaphysik, ein im „Dasein“ notwendig befangenes und über es virtuell hinausführendes Denken, selbst zu denken.

Gerade eine für die Heideggerdeutung schwer vorstellbare Kontinuität in der „Kehre“ von „Sein und Zeit“ zu „Zeit und Sein“ hat sich zugleich mit einem als räumlich gedachten Motiv eines das „existenziale“ Zeitverständnis des „Daseins“ bestimmenden unaussprechlichen „Seins“ („Seinsgeschickes“) zu befassen und mit dem Motiv einer Indifferenz, einer Gleichzeitigkeit der drei „Ekstasen“ Husserls, der Vergangenheit, Gegenwart und Zukunft, nicht anders erlebbar als in einem je schon verlassenen 'Jetzt'.

Derrida verweist in seiner Studie auf eine „Struktur der Zeitlichkeit“: „eine augenblickliche Spaltung von Präsens/z einer différence im Mit-sich-sein des Präsenten“.[11] Und jener Bruch in der Rede, jener Bruch, der die Rede prägt, ist in der Schrift prekärer und dokumentiert, insigniert. Derrida schreibt von einer „Aporie“ („Ich bin in der Klemme“) des Aristoteles (Physik, IV, 217 b), deren Erbe die philosophische Tradition insbesondere bei Kant und Hegel angetreten habe und die – eine „exoterische Aporie“ – Heideggers unabgeschlossene Darstellung eines limitierten Sein-Zeit-Verständnisses in ihm befangen vorgeführt habe: „Also zum Beispiel ist es nicht möglich, die Zeit als Seiendes zu begreifen, und zwar ebensowenig wie als Nicht-Seiendes. Und bei dem Motiv des Nicht-Seienden ist jenes des Todes niemals sehr fern (...). Das Jetzt ist, aber es ist nicht das, was es ist. Genauer, es ist das, was es ist, nur 'schwach' (...). In dem Maße, wie es gewesen ist, ist es nicht mehr. Aber in dem Maße, wie es sein wird, als Zukunft oder Tod (...), ist es noch nicht".[12]

Aber wie sollte ein 'Nichtdarstellbares' benannt werden ohne Vorstellung eines 'Darstellbaren'? Und selbst: Wie sollte eine Grenze markiert werden, eine Grenzlinie ohne artikulierbare, lesbare, hörbare Äußerungen zum Abgegrenzten, zu den Teilen diesseits und jenseits der Grenze? Hilfreich ist die Studie Derridas, weil sie das Risiko einer Befangenheit, einer reflektierten Inhärenz in der Struktur von Zeitlichkeit eingeht, und nicht vorgibt, sie verlassen zu können oder sich ihrer Verantwortung entziehen zu können.

Eine der Leitfragen Derridas befaßt sich mit einer möglicherweise irreduziblen Paradoxie: „Und wenn es keinen anderen Begriff der Zeit gäbe als den, welchen Heidegger 'vulgär' nennt? Und wenn folglich die Entgegensetzung eines anderen Begriffs selbst unbeweglich, nicht ausführbar, unmöglich wäre? Und wenn es genauso ginge mit dem Tod, mit einem vulgären Begriff des Todes?"[13]

Diese Fragen nach einer Aporetik des je eigenen Zeitverständnisses erhalten eine aufschiebende Nebenantwort und vermitteln etwas Ruhe im vorausblickenden Zögern und Verzögern, in einem Aufschub mit Zweifeln, auf den weiter unten im Blick auf 'Zeit' und 'Erinnerung' zurückzukommen ist: „Wobei sie (die Aporie) dennoch ein Aushalten erforderte oder sagen wir eher eine (experimentelle) 'Erfahrung', anders als diejenige, die darin bestünde, beiderseits einer unteilbaren Linie, einen anderen Begriff, einen nicht vulgären Begriff dem vulgär genannten Begriff gegenüberzustellen?"[14]

III.

So hätten Fragen nach Zeitverständnissen, Zeitbegriffen nur einen bedingten, begrenzten Sinn, mit dem die Urheber sich zu beschäftigen haben. Im folgenden soll es um Zeitbegriffe gehen, die Termini – Grenzen eines Begreifens von Zeit und Zeitlichkeit markieren und um Ausdrücke einer zeitgenössischen Zeitsemantik. Die Betrachtungen folgen zunächst der systemtheoretischen Darstellung Niklas Luhmanns.[15]

Von einem System kann nach Luhmann nicht die Rede sein, ohne daß die Umwelt eines Systems in den

Blick kommt. Dies markiert eine Grundkonstruktion der „allgemeinen Theorie sozialer Systeme“. Als autopoietische, sich selbst erzeugende und selbstbezogene Systeme konstituieren sich soziale Systeme in Unterscheidung von ihrer Umwelt. Indem sich ein System in Beobachtungsoperationen auf etwas bezieht, bleibt etwas anderes unbeobachtet und ausgeschlossen. Beobachtungen erzeugen „Zwei-Seiten-Formen“. Eine allgemeine Theorie sozialer Systeme betrachtet gezielt eine Einheit der Differenz von System und Umwelt, beobachtet also sozusagen die in Teilsystemen verdeckten und unverfügbaren Kehrseiten mit. Im Sinne der Konstruktion eines „re-entry“ (G. Spencer Brown) wird ein und dieselbe Unterscheidung als andere betrachtet. Die Systemtheorie soll sich so in den Unterscheidungen bewegen, ohne sich darin zu verfangen.[16] Unter dem Gesichtspunkt einer System/Umwelt-Differenz ist 'Zeit' „das Symbol dafür, daß immer, wenn etwas geschieht, auch etwas anderes geschieht, so daß keine Einzeloperation je eine volle Kontrolle über ihre Bedingungen gewinnen kann.“[17] Selbst wenn 'Zeit' als eine fortlaufende Reihe von Vergangenheit, Gegenwart und Zukunft verstanden, vorgestellt wird, durchläuft ein Zeiterleben niemals eine solche Reihe. Es findet in einem jeweiligen 'Jetzt' statt, dessen Präsenz und

Dauer nicht synchron zu begreifen und zu bezeichnen sind. Aber auch findet jede Erinnerung an ein Vergangenes und jede Vorwegnahme in einer je aktualen Erlebniszeit statt. Gegenwart bleibt ein eingeschlossenes und ausgeschlossenes Drittes.

Jedes System existiert stets in der Gegenwart und synchron mit der eigenen Umwelt, d. h. mit dem durch Beobachtung Unbeobachteten, Ausgeschlossenen. So ist 'Zeit' nicht beobachtbar, wohl aber sind es Beobachtungen von 'Zeit'. 'Zeit' wird bestimmt als Beobachtung von Wirklichkeit aufgrund einer Unterscheidung von Vergangenheit und Zukunft. Vergangenheit ist kein zurückliegender Anfangspunkt und Zukunft kein Telos. Es handelt sich vielmehr um jeweils 'gegenwärtig' konstruierte oder bearbeitete Möglichkeitshorizonte.

In einer „alteuropäischen" Tradition und noch in Hegels System wurde 'Zeit' als eine kosmologische Tatsache angesehen. Im Vordergrund stand der Begriff der „Bewegung".[18] Die „erste und nichteliminierbare Unterscheidung der Zeit", „die von vorher und nachher", wurde durch die „Unterscheidung von bewegt/unbewegt" verstanden, durch „Änderung/Konstanz, wenn es um Strukturen geht“ und durch „beweglich/fest, wenn es um Möglichkeiten geht“. Luhmann und Fuchs schreiben über eine „klassische Theorie der Zeit“: „Die Paradoxie der Zeit ist dann in raffiniert gedoppelter Weise aufgehoben: einerseits im unbewegten Beweger, in Gott; und andererseits in der Vorstellung, daß die Zeit als meßbare Zeit Fließendes und Festes, also die unaufhaltsame Bewegung, die nie ist, was sie ist, und ihr Maß zur Einheit bringt. In der Paradoxie der Zeit ist somit ihre Entparadoxierung gleich mitgedacht, und man wird dann die Differenz dieser beiden Formen der Entparadoxierung, was Zeit angeht, mit der Unterscheidung von aeternitas und tempus formulieren können.“

Bereits im 17. Jahrhundert, so Luhmann und Fuchs, wurde diese „alte Unterscheidung von Zeit und Ewigkeit“ „schließlich nur noch als Mahninstrument der moralischen Erziehung gebraucht und mißbraucht“. In der zweiten Hälfte des 18. Jahrhunderts zeichnete sich eine neue Unterscheidung ab, die „der Zeit in der Zeit“: „In jedem Augenblick gibt es den nur für ihn geltenden Doppelhorizont von Zukunft und Vergangenheit“. Der „Augenblick“ sei nicht mehr als ein paradoxes, stellenloses ‘Zwischen’ zwischen vorher und nachher aufgefaßt worden, sondern ein sich abzeichnendes modernes Zeitdenken gehe von einer aktuell (und wie kurzzeitig auch immer) gegebenen Gegenwart aus, die sich als Gegenwart durch die Unterscheidung ihrer Vergangenheit und ihrer Zukunft identifiziere: „Die Zeit kommt in den Horizonten der Zeit wieder vor. Sie ist der Wiedereintritt der Zeit in die Zeit, als ein 're – entry' im Sinne von Spencer Brown." Luhmann und Fuchs bringen das in Zusammenhang mit der „sich damit selbst entdeckenden Geschichtswissenschaft": „Sie erschien als Auftauchen der Geschichte in der Geschichte, als Historisierung der Zeit".

In einer neueren Zeitsemantik ist der Beobachtungsstandpunkt nicht mehr der von bewegt/unbewegt und von Anfang und Ende, eingeschlossen ein Ende der Geschichte, sondern der der „Gegenwart" als „Standpunkt der Paradoxie, die sowohl Zukunft (gegenwärtige Zukunft) als auch Vergangenheit (gegenwärtige Vergangenheit) und weder Zukunft (zukünftige Gegenwart) noch Vergangenheit (vergangene Gegenwart) ist." „Welt" wird nun als „abwesend" verstanden, „als vergangene Geschichte, über deren Relevanz man streiten kann; als Zukunft, die erst noch herbeizuführen ist (und wie? und durch wen?); aber auch als immense Komplexität des Gleichzeitigen und nur dadurch Aktuellen."

Leitbegriff von Luhmanns Kennzeichnung einer zeitgenössischen Zeitsemantik, vornehmlich bezogen auf „moderne“, „funktional ausdifferenzierte Gesellschaften“, ist der einer „temporalisierten Komplexität“ von Systemen und von deren Selektionen. „Selektion“ ist „selbst ein Zeitbegriff: Sie steht bevor, ist erforderlich, wird dann vollzogen und ist dann geschehen.“[19] Eine Irreversibilität von 'Zeit', eines vorher/ nachher, wird sozusagen überlagert durch Selektionen von Möglichkeiten im Feld einer Differenz von Vergangenheit und Zukunft, durch „Zeitverschiebungen“, in denen eine „Reflexivität des Selektionsprozesses“ Selektionsprozesse selber ordnet und verstärkt. Luhmann verweist dabei auf ein Reproduktionsproblem „autopoietischer“ und darin entropischer Systeme, die auf ständigen Zerfall angewiesen sind. „Reproduktion“ ist „nicht einfach Wiederholung der Produktion des Gleichen, sondern reflexive Produktion, Produktion aus Produkten“.

„Zeit“ wird so als „Sinndimension mit vielen Variablen (z.B. Doppelhorizonten, Irreversibilität, Zeitmaß, Knappheit, Tempo)“ aufgefaßt: „Was ein System als eigene Zeit ausdifferenzieren kann, ergibt sich aus dem so ausgewählten Zusammenhang ausgewählter künftiger und vergangener Ereignisse. Es ist die Zeit, die man 'haben' kann, die Zeit, die knapp werden kann, die Zeit der Eile und der Langeweile. In ihrer Funktion, Zukünftiges und Vergangenes zu verknüpfen, kann die Gegenwart unter Druck geraten."

IV.

Zu dem aporetischen Ergebnis der Betrachtungen Derridas, einer mit Heidegger als seinsbestimmt vorgestellten Zeitbestimmung keine trivialen Zeitbegriffe entgegensetzen zu können, kommt durch die Betrachtung von Luhmanns Zeitbestimmungen und durch diese Zeitbestimmungen hindurch ein Ergebnis hinzu, mit dem ersteren wohl vielfach ineinandergreifend.[20] Dieses Ergebnis, das Luhmann nicht als aporetisches ('Ich weiß nicht weiter.'), sondern als paradoxes Ergebnis auffaßt, sei durch Weiterbearbeitung zu „entparadoxieren". Die Wortwahl zwischen 'aporetisch' und 'paradox' ist nicht willkürlich. Eine Aporie ('Es gibt keinen Ausweg.') scheint zunächst etwas erstarren lassen zu müssen, den Umgang mit Vergangenheit und Zukunft.

Aber wie ist im Blick auf Luhmanns Betrachtungen zu verstehen, sich in einer jeweils irreversibel entziehenden Gegenwart paradoxerweise temporalisierend in

Selektionen auf die Möglichkeitshorizonte von Vergangenheit und Zukunft zu beziehen? Und dies durch ein reflektierend verzögerndes Auswählen von vergangenen Erfahrungen zur Gestaltung einer allenfalls prognostizierbaren Zukunft, in die je schon eingetreten wird? Es zeigen sich strukturbetonte Züge jener zeitgenössischen Zeitsemantik, die jeweils inhaltlich zu füllen sind. So kommen jeweils Kriterien einer Auswahl von 'Gewesenem' ins Spiel. Was soll durch wen wie bestärkt, erhalten, 'wiederholt' und was abgelöst und virtuell oder konkret verändert werden? Solche Kriterien, in Gesellschaften auf Gesellschaften bezogen, sind notwendigerweise ethischer und politischer Art. Weitere Fragen kommen hinzu im Blick auf Verfahrensweisen, Operationen. Was ist von Vergangenem verfügbar und wie? So kommen Fragen eines Erinnerns und eines Vergessens ins Spiel. Was schließlich ist folgenreich an einem mißlingenden Erinnern?

Die Zukunft von der Vergangenheit befreien? Die Vergangenheit von der Zukunft befreien?

Der Chiasmus der Fragen, die Inversion der Frage einer ambivalent denkbaren Loslösung des einen vom anderen, scheint zunächst auf ein totalisiertes Kreisen im Interpretationsmuster festzulegen, und es scheint nicht gelingen zu können, die Bewegung der rhetorischen Figur zu neutralisieren und analytisch oder prospektiv zu nutzen.[21] Oder handelt es sich „um eine immerzu bevorstehende und niemals tatsächlich verwirklichte Reversibilität“, die einer Verabsolutierung einer der Fragen gerade entgegenwirkt?[22] Beides ist zu bedenken und nicht zu trennen von zwei Komplexen von Mehrdeutigkeiten der Fragen, die die Kreuzstellung vervielfachen.

‘Etwas von etwas befreien’ ist zu verbinden mit einem Loswerden, einem Wegnehmen von als negativ Empfundenem, Erfahrenem, von Ursachen für Leiderfahrungen. Aber es gibt einen ‘totalen’ und einen ‘partitiven’ Sinn des Ausdrucks. Mit ‘Befreiung’ kann eine völlige Ablösung von Vorherigem gemeint sein, die Einrichtung einer Lücke für eine andere Qualität, so zu denken bei politischen Umstürzen und Systemwechseln. Aber damit kann auch gemeint sein, etwas zu belassen und bestimmte Eigenschaften abzulösen und durch andere zu ersetzen.

Die beiden Fragen ermöglichen weiter oder erfordern, in diesem ambivalenten Feld von Ablösung und Änderung Modalitäten einzurichten und zu reflektieren: Soll das eine vom anderen oder das andere vom einen 'befreit' werden, oder 'kann', oder 'muß', oder 'darf', oder ist das (von wem?) zu 'wollen'?

In den derzeitigen Debatten um die Errichtung eines Holocaust-Mahnmales in Berlin, einbezogen die umstrittene Rede Martin Walsers anläßlich der Verleihung des Friedenspreises in Frankfurt Oktober 1998, im Streit um ein 'kulturelles Gedächtnis' und um 'Normalität', wird mit Vorstellungen eines Erinnerns und eines Vergessens ambivalent umgegangen. Da wird zu einem Teil gewarnt vor Gefahren einer öffentlichen Bekenntniskultur, vor Gefahren eines instrumentalisierenden Mißbrauchs eines Gedächtnisses, und es wird zugleich für eine Kultur des Vergessens von 'Unerträglichem' plädiert. Ließe sich so die Zukunft von der Vergangenheit befreien? Und mit welcher Rechtfertigung? So daß nicht nur ein Anspruch der Opfer auf Erinnerung und Solidarität verletzt wäre, sondern erst gar nicht zur Sprache käme, wie denn ohne Kultur eines Erinnerns – offen die Frage kollektiver Zeichen – eine Zukunft von einer Vergangenheit zu befreien sei. Ohne erinnerte Schuld und ohne erinnernde Scham? Die Auswahl von Vergangenem via negativa bewegte sich dann in Richtung einer Marginalisierung der Ereignisse und würden sie als folgenlos ansehen, gleichgültig gegen Fragen einer Wiederholbarkeit.

In einer Kultur des Vergessens die Zukunft von der Vergangenheit befreien zu wollen, dürfte heißen, die Vergangenheit von der Zukunft befreien zu wollen in dem Sinne, daß sie in einem jeweils gegenwärtigen und jeweils bevorstehenden und so diskontinuierlichen Erinnern nicht mehr vorkomme.

In einem Interview vom Oktober 1998 warnt Paul Ricoeur davor, Geschichte als einen „Friedhof der ungehaltenen Versprechen" aufzufassen: „Was auf uns lastet, ist das Schweigen der Toten." (...) „Die Geschichte besteht nicht nur aus Toten. Ich spreche in diesem Zusammenhang vom 'Rückschlag der Zukunft auf die Vergangenheit'. Die Historiker tendieren dazu, die Vergangenheit als abgeschlossen zu verstehen. Es ist eine große Versuchung zu glauben, die Vergangenheit sei determiniert, die Zukunft unbestimmt. Es geht aber darum, das Unabgeschlossene der Vergangenheit vor dem Vergessen zu bewahren."[23] Ricoeur bezieht sich auf die Psychoanalyse, auf Freuds „Erinnern, Wiederholen, Durcharbeiten": „daß man erst aus dem Wiederholungszwang ausbrechen muß, um in die Erinnerungsarbeit eintreten zu können." Die Zukunft von der Vergangenheit befreien? Die Vergangenheit von der Zukunft befreien? Die chiastische Fragestellung bliebe so offen für Diskontinuitäten eines Erinnerns.

Walter Benjamin schreibt in den Thesen „Über den Begriff der Geschichte": „... erst der erlösten Menschheit ist ihre Vergangenheit in jedem ihrer Momente zitierbar geworden" und „daß im Werk das Lebenswerk, im Lebenswerk die Epoche und in der Epoche der gesamte Geschichtsverlauf" aufbewahrt und aufgehoben sein solle.[24]

Benjamins Vorstellung eines „Eingedenkens" in der Geschichtsschreibung geht mit auf eine intensive Beschäftigung mit Marcel Prousts „mémoire involontaire" zurück. In einem Essay aus dem Jahr 1929 (Zum Bilde Prousts) werden am ehesten die Anregungen der Lektüre von „A la recherche du temps perdu" benannt. Einflüsse auf die Frage nach einer erinnernden und vergegenwärtigenden Sprache und Komposition zeigen sich am fragmentarisch gebliebenen „Passagen-Werk", in den Baudelaire-Essays und in Benjamins letztem Text, den für das „Passagen-Werk" programmatischen Thesen „Über den Begriff der Geschichte". Im Mittelpunkt der Anregungen steht die Vorstellung eines vergegenwärtigenden „Eingedenkens“ in der Geschichtsschreibung, in einer Geschichte, in der die Darstellung, die historia rerum gestarum, nicht das Geschehene, die res gestae, in einer vermeintlichen Kontinuität und einer einsinnigen Zeit beläßt. Benjamin übersetzt den Proustschen Ausdruck „mémoire involontaire“ mit „unwillkürliches Eingedenken“. Ein Vergegenwärtigen ist hierbei nicht auf bewußt Erlebtes gerichtet. Eine Erinnerung des Erinnerns selbst zerdehnt mit der Zeit des Schreibens und Verweilens eine Abfolge verschütt gegangener Gedächtnismomente und setzt, dem Vergessen nahe, Augenblicke eines Erlebens frei, die ein Vergangenes aus seiner Zeit in der Zeit eines Festhaltens des Erinnerungserlebnisses „aufleuchten“ lassen. Benjamin bezieht Prousts Beschäftigung mit Henri Bergsons Gedächtnis- und Erfahrungstheorie ein, die Abgrenzung von Bergsons Vorstellung einer „mémoire pure“, eines reinen Gedächtnisses, willentlich verfügbar und nicht einer „geschichtlichen Determinierung“ ausgesetzt. Proust grenzt diese Vorstellung nicht strikt aus. Er setzt ein „unwillkürliches Gedächtnis mit dem willkürlichen“ in Verbindung, „das sich in der Botmäßigkeit der Intelligenz befindet“. Die Verbindung betrifft Gegensätzliches, nicht jedoch deutlich sich Ausschließendes.

Die Schwierigkeit, daß Prousts erinnerndes Schreiben mit einer Person zu tun hat und mit derem Leben, und Benjamins Geschichtsphilosophie mit der Menschheit, lenkt auf das Problem zurück, überhaupt Modi eines Erinnerns einzurichten, sie zu bestimmen und ihre Trägerschaft. Benjamins Vorstellung einer Einrichtung von Diskontinuitäten in der Geschichtsschreibung verlangt nach einer Form, die jene individuelle und jene kollektive Erinnerung zusammenbringen sollte.

Auch ist im Blick auf das Proustsche Schreiben nicht eine Nähe von Gelingen und Scheitern des Erinnerns zu vernachlässigen. So betont Samuel Beckett in seinem Essay „Proust", daß auch das erfolgreichste evokatorische Experiment nur das Echo einer vergangenen Empfindung wiedergebe. Wird Vergangenes in der Gegenwart gegenwärtig, werden zwei Reihen einer Empfindung eins, läßt sich an ein außerzeitliches Wesen denken. Scheinbar, denn dies geschieht jeweils im Augenblick, den der Schreibende, wenn er sich auf ihn zu beziehen versucht, ihn festzuhalten versucht, bereits notwendigerweise verlassen hat. So sieht Beckett mit dem Titel „Le temps retrouvé" die Proustsche „Lösung", die ihr eigenes Problem ist, verfehlt: „Die Zeit ist nicht wiedergefunden, sie ist ausgelöscht...".[25]

Die oben betrachtete Luhmannsche Vorstellung eines komplex temporalisierbaren Umganges mit den Möglichkeitshorizonten der Vergangenheit und der Zukunft bliebe also weiter egänzungsbedürftig. Einer frei verfügbaren Einrichtung 'der Zeit in der Zeit' stünde eine Diskontinuität des Erinnerns selber entgegen. Also doch wieder die Aporie Derridas, eine alltägliche Zeiterfahrung nicht über eine alltägliche Zeiterfahrung bestimmen zu können?

In dem Buch „Aporien ..." wird nach einer „Erfahrung" angesichts dieser Aporie gefragt: „Was wäre eine solche Erfahrung (expérience)? Das Wort bedeutet auch Passage, Durchquerung, Aushalten, Versuch der Überschreitung, aber vielleicht eine Durchquerung ohne Linie und ohne unteilbare Grenze."[26]

Derridas Plädoyers sind die einer Einrichtung von Diskontinuitäten. Zitierend und kommentierend wird auf die Schrift „Das andere Kap. Die vertagte Demokratie. Zwei Essays zu Europa" verwiesen: „Aus solcher Sicht ist es die Pflicht, dem Ruf, dem Appell des europäischen Gedächtnisses zu antworten, zu folgen, und jenes erneut zu identifizieren, was sich unter dem Namen Europa als Versprechen ankündigte, nicht daran zu messen, was man gemeinhin als ‘Pflicht’ bezeichnet. (...) Diese Pflicht hält uns auch dazu an, Europa von dem Kap aus, dessen Ufer sich teilt, auf jenes hin zu öffnen, was nie europäisch gewesen ist und was nie europäisch sein wird. (...) Dieselbe Pflicht gebietet uns, die Differenz, das Idiom, die Minderheit und die Singularität zu achten.“[27]

Im Rückblick auf die Vergangenheit müßte sich gerade eine „monströse“ Zukunft abzeichnen, wenn Europa sich gleich bliebe. So untersucht Derrida in „Das andere Kap“ Paul Valérys Schriften zu Europa aus der Zeit vor dem Zweiten Weltkrieg. Derrida betont das vergangene Heute in Valérys Beschreibung eines europäischen Selbstverständnisses. Ziel ist eine verzögernde, erinnernde Bestimmung der Gegenwart Europas. Die Züge einer „Kolonialisierung“ und „Kapitalisierung“ machen es für Derrida zwingend, eine gegenwärtige Identität Europas als Differenz zum hegemonistischen Status zu denken, der nicht mit den Verfassungen der parlamentarischen Demokratien „Europas“ vereinbar ist.

Die Gegenwart von der Gegenwart befreien?

Anmerkungen